Un jour dans le monde

Laura Hall
Illustré par Loris Lora

MILAN

UN JOUR DANS LE MONDE...

À travers le monde, les enfants ne vivent pas tous de la même façon. Leur quotidien dépend de l'endroit où ils habitent, de leur pays. Chacun fait les choses à sa façon mais, à y regarder de plus près, nous avons aussi beaucoup en commun : nous aimons profiter de nos amis, nous régaler à table et jouer, même si nos maisons, nos écoles et nos jeux ne sont pas les mêmes. Tourne la page, et cherche où tu aimerais bien habiter, ne serait-ce que pour un jour !

SUÈDE
FINLANDE
RUSSIE
ASIE
DANEMARK
POLOGNE
ALLEMAGNE
EUROPE
MONGOLIE
SERBIE
AFGHANISTAN
JAPON
ISRAËL
NÉPAL
BHOUTAN
CHINE
ÉGYPTE
INDE
VIETNAM
AFRIQUE
INDONÉSIE
TANZANIE
OCÉANIE
AFRIQUE DU SUD
AUSTRALIE
NOUVELLE-ZÉLANDE
ANTARCTIQUE

TÔT LE MATIN

Le jour se lève tout juste. À travers le monde, toutes les maisons ne se ressemblent pas. Dans laquelle aimerais-tu te réveiller ?

NUUK, GROENLAND
Ici, les maisons sont peintes de plein de couleurs. Posée sur une colline, celle-ci donne sur des fjords, des icebergs et des montagnes.

LE CAIRE, ÉGYPTE
Dans un appartement du centre-ville comme celui-ci, on n'est jamais loin de sa famille. Grands-parents, oncles et tantes vivent tous dans le même immeuble.

ZANZIBAR, TANZANIE
Cette maison est construite sur la plage. Le toit est rouillé à cause de l'air marin salé.

REYKJAVIK, ISLANDE
En Islande, les maisons ont besoin d'une isolation supplémentaire contre le vent et le froid. Les murs extérieurs peuvent être recouverts de panneaux métalliques bleus.

NOVOSSIBIRSK, RUSSIE
Quand on habite en haut d'un immeuble, on a une vue imprenable sur la ville.

SOWETO, AFRIQUE DU SUD
Les enfants vivent avec leurs parents et grands-parents dans ces maisonnettes.

PARO, BHOUTAN
Dans cette ville, les immeubles aux couleurs vives s'élancent vers le ciel.

JINING, CHINE
Dans le nord-est de la Chine, les maisons sont bâties autour d'un jardin intérieur.

BIRDSVILLE, AUSTRALIE
Cette maison, au cœur de l'Australie, se trouve au milieu d'un élevage de moutons. Il n'y a pas une seule ville à des kilomètres à la ronde.

GALWAY, IRLANDE
Vivre dans des maisons mitoyennes, c'est rigolo : on connaît ses voisins ! On peut jouer ensemble dans la rue.

FORÊT ÉQUATORIALE, ÉQUATEUR
Aimerais-tu voir un singe sur ton toit au réveil ? Ici, ça arrive souvent !

ERDENET, MONGOLIE
Les tribus nomades habitent dans des yourtes. Tous les membres d'une même famille dorment dans cette tente ronde.

LONDRES, ANGLETERRE
Les maisons anglaises peuvent être très vieilles ! Celle-ci, ornée de roses, a plus de cent ans.

DEBOUT !

Tous, nous ouvrons les yeux le matin, quand nous nous réveillons. Mais, selon l'endroit où l'on vit, on ne dort pas dans les mêmes conditions.

LOUGA, SÉNÉGAL
À l'aube, Kwame se réveille au chant des oiseaux – et du coq ! Kwame partage le lit de sa maman. Quand il fait chaud, ils dorment dehors sur une natte.

TOKYO, JAPON
Hanako est réveillée par son frère, Ishi, qui a réglé deux réveils sur 6 h 30 ! Ils écoutent les informations et sont prêts à aider Okaasan (« Maman » en japonais) à préparer le petit déjeuner.

SAO PAULO, BRÉSIL
L'été, Arami et ses frères et sœurs dorment dans des hamacs, à côté de leur maison. La chambre d'Arami sert à stocker des sacs pleins de nourriture qui sera vendue dans l'épicerie familiale.

MELBOURNE, AUSTRALIE

Spencer partage sa chambre avec son petit frère. Il fait chaud dehors, et leur mère les réveille en leur pulvérisant de l'eau sur le visage.

POKHARA, NÉPAL

Quand Bikhram se réveille, il fait très froid dehors, et il a du mal à se lever ! Le lit qu'il partage avec sa mère, son père et son frère est déjà vide : ils sont dehors, en train de préparer le petit déjeuner familial.

COPENHAGUE, DANEMARK

Difficile de se réveiller aujourd'hui : Olli rêve qu'il est un pirate ! Mais son chat, Diko, refuse de le laisser dormir plus longtemps.

LE PETIT DÉJEUNER

Selon l'endroit où l'on habite, le petit déjeuner peut être sucré ou salé.

TAIPEI, CHINE
Tina et Chang boivent du lait de soja chaud et mangent des *you tiao*, une sorte de longs beignets frits.

MUMBAI, INDE
Le petit déjeuner de Tanya se compose d'*idli* et de *sambar*. L'*idli* est un gâteau de riz et le *sambar* un ragoût de légumes.

PARIS, FRANCE
Julie et Maxime trempent leur croissant dans du chocolat chaud.

HÔ CHI MINH-VILLE, VIETNAM
Hieu et Minh avalent un bol de *pho* tous les matins. Le *pho* est un bouillon de bœuf auquel on ajoute des nouilles de riz et des épices : gingembre, piment, badiane…

MELBOURNE, AUSTRALIE
Liam et Tom mangent des œufs pochés sur des toasts.

MARRAKECH, MAROC

Le petit déjeuner préféré d'Aya : des crêpes aux mille trous arrosées de miel.

BERLIN, ALLEMAGNE

Katarina mange du pain, de la viande et du fromage.

RIO, BRÉSIL

Beatriz mange du fromage du Minas, du pain et de la papaye.

FORÊT AMAZONIENNE, PÉROU

Tous les matins, Gina et Luis se régalent de *tacacho* – de la banane frite accompagnée de chorizo. Ils mangent de la banane à presque tous les repas.

ALLER À L'ÉCOLE

Dans le monde, certains enfants se rendent à l'école en voiture, d'autres à vélo, et d'autres encore en bus ou à pied.

SEAFORTH, JAMAÏQUE
Sean et Shanice prennent le bus scolaire, qui passe devant la plage et les palmiers.

ARCHIPEL DES SHETLAND, ÉCOSSE
Depuis le ferry qui les emmène à l'école, Jimmy et Mhairi font coucou aux phoques.

TOKYO, JAPON
Hiroe prend un train bondé pour traverser Tokyo toute seule.

LONDRES, ANGLETERRE
Olivia et Ellie font la queue à l'angle de leur rue pour prendre le bus scolaire.

CHURCHILL, CANADA
Attention aux ours blancs ! Aller à l'école à pied peut être dangereux pour Nathan et Logan.

COPENHAGUE, DANEMARK

La maman de Sofie et Anna les emmène à l'école en vélo cargo. Quelquefois, leur chien les accompagne.

MANBU, NÉPAL

Mir et Bibek empruntent un pont de corde pour traverser le Trishuli, un torrent tumultueux.

CALIFORNIE, ÉTATS-UNIS

La maman d'Ava et Randy les conduit à l'école en voiture tous les matins.

NUUK, GROENLAND

Pipaluk grimpe sur le scooter des neiges de son papa.

L'ARRIÈRE-PAYS AUSTRALIEN

Bindi et Tak ne vont pas à l'école parce qu'ils habitent trop loin. Ils suivent leurs leçons à la radio.

VENISE, ITALIE

Mario et Alessandra prennent le *vaporetto*, un bateau-bus, et passent devant les palais et les gondoles.

À L'ÉCOLE

Toutes les écoles ne se ressemblent pas. Dans certains pays, on n'y va que l'après-midi, et dans d'autres on y va 6 jours par semaine !

LA HAVANE, CUBA

Hector et ses amis portent l'uniforme scolaire cubain : short rouge et chemise blanche à manches courtes.

SUOMENLINNA, FINLANDE

Emilia suit l'école à la maison, car il n'y a pas beaucoup d'habitants sur son île.

VANCOUVER, CANADA

Sarah et Adam vont à la même école que leurs voisins, dans un grand et vieux bâtiment.

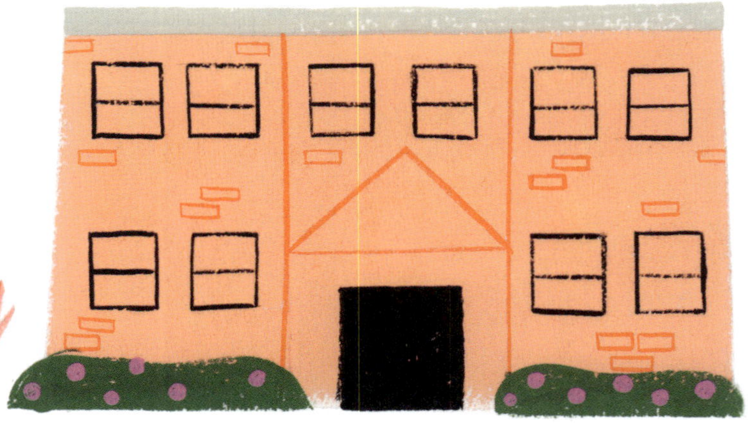

VARSOVIE, POLOGNE

Marta et Tomek doivent être à l'heure à l'école. S'ils arrivent après 8 heures du matin, ils ont une mauvaise note.

HANOÏ, VIETNAM
Linh et Son vont à l'école six jours par semaine, du lundi au samedi. Ils travaillent dur tous les jours pour préparer les examens.

KABOUL, AFGHANISTAN
Aamir a sept ans, et il va à l'école pour la première fois cette année. Ses grands frères fréquentent le même établissement que lui.

BAMAKO, MALI
Certains jours, Youssouf aide son père à prendre soin du bétail. Les autres jours, il va à l'école.

GUADALAJARA, MEXIQUE
Comme la plupart de ses amis, Jesus travaille le matin, du coup il ne va à l'école que l'après-midi.

KINGSTON, JAMAÏQUE
Paul et Julia ont commencé la maternelle à seulement deux ans. Maintenant, âgés de sept ans tous les deux, ils vont à l'école primaire.

FORÊT AMAZONIENNE, PÉROU
Daniel et Luz vont à l'école près de la rivière, pour étudier avec tous les autres enfants du village.

APPRENDRE

Quelquefois, les journées de classe te semblent longues, mais à d'autres moments le temps passe très vite.

QUFU, CHINE
Tao et Wing doivent apprendre leurs leçons par cœur.

AMAZONIE, PÉROU
Diego et Maria aiment la géographie : ils étudient des cartes et découvrent les volcans et les montagnes.

PARO, BHOUTAN
Dans leur école, Karma et Adan ont un jardin dans lequel ils font pousser du piment, des cacahuètes et des carottes.

BALI, INDONÉSIE
Budi, Adin et leurs camarades étudient la protection de l'environnement et de la nature en cours de sciences.

ARCHIPEL DES SHETLAND, ÉCOSSE
En cours de musique, Melissa apprend à jouer de toutes sortes d'instruments, comme le violon.

TEL AVIV, ISRAËL
Leah aime étudier la Bible, ainsi que l'art et l'anglais.

STOCKHOLM, SUÈDE
Mette aime inventer des histoires sur des endroits et des personnages extraordinaires, et les illustrer aussi.

GALWAY, IRLANDE
Aoife a une très belle écriture. Elle a appris à rédiger des lettres pour sa correspondante en cours d'anglais.

PATAGONIE, ARGENTINE
Ce que Felipe préfère dans le cours de maths, c'est quand le maître organise la « Coupe du monde des maths » !

LE CAIRE, ÉGYPTE
Yasmine aime l'informatique : elle joue à un jeu où elle construit une ville imaginaire.

NUUK, GROENLAND
Ebba apprend à parler et à écrire dans trois langues à l'école : le danois, le groenlandais et l'anglais.

LE CAP, AFRIQUE DU SUD
Moshe préfère le sport, et, quand il n'est pas sur le terrain, il lit des textes sur des sportifs célèbres.

HONOLULU, HAWAII, ÉTATS-UNIS
Mano aime étudier la nature et apprendre comment vivent les animaux.

LA RÉCRÉATION

La récré, c'est souvent le meilleur moment de la journée.

JAKARTA, INDONÉSIE

Irene et Ahmad jouent à « éléphant, orange, fourmi » : l'éléphant écrase l'orange, la fourmi effraie l'éléphant, et l'orange aplatit la fourmi !

QUFU, CHINE

Harmony et Tara chantent et sautent à la corde – elles l'ont fabriquée avec des élastiques !

MUMBAI, INDE

Krish joue au cheval avec ses amis : il faut beaucoup courir (surtout après les autres) !

JÉRUSALEM, ISRAËL

Parfois, Rafael aime s'asseoir au calme et s'entraîner à compter avec des noyaux d'abricot.

STOCKHOLM, SUÈDE

Oskar et Ella aiment jouer dans la neige en se prenant pour de terrifiants ours blancs.

HAWAII, ÉTATS-UNIS
Iokua et ses amis font comme s'ils surfaient dans la cour : il ne faut pas toucher l'eau ni se faire dévorer par les requins !

BARCELONE, ESPAGNE
Abril et Carla jouent aux gendarmes et aux voleurs avec leurs copains. Quand les gendarmes attrapent les voleurs, les rôles sont échangés.

HÔ CHI MINH-VILLE, VIETNAM
Tadashi et Pablo jouent aux billes devant la classe. À ce jeu-là, Tadashi est le meilleur de toute l'école !

LA HAVANE, CUBA
Sur l'aire de jeux, Ruben se suspend aux barres pendant que ses amis grimpent sur la structure. Ils adorent ça !

LES COPAINS

Chaque jour, partout dans le monde, des copains jouent ensemble à la maison ou à l'école.

REYKJAVIK, ISLANDE

Après l'école, Asta et Jon aiment aller à la piscine avec leurs amis.

OUAGADOUGOU, BURKINA FASO

Samira et Ismaël ont beaucoup de copains, et ils restent tous ensemble à la récré.

MOSCOU, RUSSIE

Maxim aime bien jouer tout seul, mais il ne dit jamais non au match de foot du midi !

KATMANDOU, NÉPAL

Sunita, Amir et Bibek sont amis, mais aussi frères et sœur. Sunita est l'aînée.

SYDNEY, AUSTRALIE

Rose et Amy prennent leur serviette et se retrouvent à la plage après l'école. Elles y apprennent à nager.

MARRAKECH, MAROC

En classe, Fatima est assise à côté de sa meilleure amie, Rita, qui lui raconte des blagues.

PARIS, FRANCE

Michelle et Bénédicte vont souvent jouer l'une chez l'autre après l'école. Bénédicte a beaucoup de jouets !

ANCHORAGE, ALASKA, ÉTATS-UNIS

Ethan et Ryan ne sont pas dans la même classe, mais ils aiment manger ensemble le midi.

KINGSTON, JAMAÏQUE

Tegan et Alwan font passer des petits mots à leurs copains en classe.

BARCELONE, ESPAGNE

Valentina a fait un bracelet d'amitié pour sa meilleure amie, Sofia.

ZANZIBAR, TANZANIE

Omar et Baraka jouent souvent dehors avec leurs amis.

LES MOMENTS CALMES

Un moment calme, ça sert à réfléchir, se détendre et se reposer.

PARO, BHOUTAN
Quand la classe commence, Yushika et Puran s'assoient sans bouger, les yeux fermés. Ils pratiquent la méditation matinale.

CALIFORNIE, ÉTATS-UNIS
Kayla et Jacob suivent un cours de yoga une fois par semaine. Ils doivent s'étirer et garder l'équilibre.

TOKYO, JAPON
À la fin de la journée, Ayumi reste assise dans le calme et repense à sa journée, comme tous ses camarades de classe.

BERLIN, ALLEMAGNE
Chaque jour, après le déjeuner, Sophie dessine.

BAMAKO, MALI
L'école de Fatim est tout sauf calme ! Il y a plein d'enfants d'âges différents, et c'est toujours animé.

LONDRES, ANGLETERRE
Tous les jours à l'école, Katie et Rosie s'assoient par terre et lisent des livres pendant le temps calme.

KINGSTON, JAMAÏQUE
Brandon n'aime pas les temps calmes ! Il préfère courir, sauter, crier et faire le clown.

ZANZIBAR, TANZANIE
Mary va s'asseoir dans la petite salle de prière de son école quand elle veut un peu de calme.

LE CAIRE, ÉGYPTE
Ali se rend à la mosquée cinq fois par jour avec ses frères pour prier. C'est très calme.

ANCHORAGE, ALASKA, ÉTATS-UNIS
Austin regarde par la fenêtre et pense à ce qu'il va manger ce soir.

LE DÉJEUNER

Pour le déjeuner, tous les enfants ne mangent pas la même chose.

JINING, CHINE

Lee et Cherry rentrent chez eux pour déjeuner avec leur famille. En général, ils mangent du riz avec du porc et des légumes.

NOVOSSIBIRSK, RUSSIE

Chaque jour, à l'école, Irina mange une entrée, un plat et un dessert. Elle peut manger par exemple du *borscht* – une soupe de betteraves – puis du poulet et des pommes de terre, et enfin une compote.

NEW YORK, ÉTATS-UNIS

Rachel et Sammy s'assoient près de leurs copains au réfectoire de l'école pour manger de la pizza et une salade de tomates.

STOCKHOLM, SUÈDE
Joanna et Viktor mangent des boulettes de viande avec des pommes de terre sautées et du ketchup.

LE CAIRE, ÉGYPTE
Mido mange un tajine marocain avec de la semoule.

ARCHIPEL DES SHETLAND, ÉCOSSE
Au menu de Lucy, des croquettes de poisson, des pommes de terre et des haricots verts. En dessert, Mhari prend un moelleux au chocolat arrosé de crème anglaise.

NUUK, GROENLAND
Angelica mange du *suaasat*, une soupe de phoque aux oignons, au riz et aux pommes de terre.

TOKYO, JAPON
En général, le repas de Natsumi comprend une soupe miso, au tofu et aux légumes, ainsi qu'une bouteille de lait, un bol de riz et un peu de poisson.

SUOMENLINNA, FINLANDE
Veera déjeune à 10 h 45. Elle aime les pommes de terre bouillies, les bâtonnets de poisson avec de la salade, accompagnés de lait et de pain croquant.

VARSOVIE, POLOGNE
À l'école, Klaudia et Wojtek mangent de la soupe de carottes et de potiron, avec de la tarte salée et des brocolis.

SUMATRA, INDONÉSIE
Ce que Dewi préfère dans le déjeuner, c'est le dessert : carambole, mangoustan, ramboutan et pomme de jacque, des fruits délicieux.

COPENHAGUE, DANEMARK
Le panier repas de Maria et Émilie se compose de pain de seigle, de maquereau, de tranches de pommes de terre froides et de quelques bâtons de légumes.

LES ACTIVITÉS SPORTIVES

Partout dans le monde, les enfants font du sport !

NOVOSSIBIRSK, RUSSIE
Marina fait de la gymnastique.

MELBOURNE, AUSTRALIE
Ben et Lachlan prennent des cours de natation à l'école.

RIO DE JANEIRO, BRÉSIL
Natalia joue au football avec ses frères.

KATMANDOU, NÉPAL
Karuna et Milan jouent au badminton.

CHURCHILL, CANADA
Jordan est fan de hockey sur glace.

SANTA CLARA, ÉQUATEUR
Tatjana et Walter pratiquent le basket-ball.

MUMBAI, INDE
Aishwarya suit des cours de danse indienne.

VANCOUVER, CANADA
Laurence joue à la crosse, un sport d'origine amérindienne.

VENISE, ITALIE
Riccardo pratique l'aviron sur une gondole.

MARRAKECH, MAROC
Chaimae aime faire du skate.

BELGRADE, SERBIE
Franko et Helena adorent jouer au handball.

HONG KONG, CHINE
Vivian aime jouer au ping-pong.

LE GOÛTER

Les goûters peuvent être sucrés ou salés. Lequel aimerais-tu essayer ?

ALICE SPRINGS, AUSTRALIE
Jess et Jordan étalent de la vegemite – une pâte à tartiner salée – sur leurs toasts.

KATMANDOU, NÉPAL
Nina et Manish mangent des samoussas aux légumes.

SOWETO, AFRIQUE DU SUD
Lungelo goûte avec du biltong, de la viande séchée.

TEL AVIV, ISRAËL
Dana mange du houmous avec son pain pita.

PATAGONIE, ARGENTINE
Matias dévore une *empanada*. Il s'agit d'un petit chausson farci – lui, il l'aime avec du fromage !

GUADALAJARA, MEXIQUE
Elizabeth et Cesar mangent de la mangue et de la papaye.

VANCOUVER, CANADA
Pour Audrey et Eric, ce sera des biscuits au sirop d'érable. Miam !

VENISE, ITALIE
Giorgia et Daniele mangent des *bruschette* à la tomate. Le pain qui sert à faire ces tartines est imbibé d'huile d'olive et d'ail.

ANCHORAGE, ALASKA, ÉTATS-UNIS
Le goûter, pour Tyler et Nick, ce sont des lanières de saumon mariné dans une sauce délicieuse, puis séché.

BELGRADE, SERBIE
Andrej et Dajana se régalent en mettant différents fruits dans leur yaourt. Aujourd'hui, ils ont choisi des myrtilles.

REYKJAVIK, ISLANDE
Ketil et Hrafn mangent du poisson séché et de la réglisse salée.

PARO, BHOUTAN
Kelzang et Dorik mangent des *momo*, des sortes de raviolis.

BAMAKO, MALI
Leila mange des chips de bananes plantains, salées et croquantes comme des chips de pommes de terre !

LES ACTIVITÉS ARTISTIQUES

Dessin, peinture, collage ou fabrication d'objets, tous les enfants aiment créer.

FORÊT AMAZONIENNE, PÉROU

Esther se sert de ficelle colorée, de bois et de petits cailloux qu'elle trouve autour d'elle pour fabriquer un bâton de pluie. Quand on le retourne, les cailloux tombent et font le bruit de la pluie.

SAN FRANCISCO, ÉTATS-UNIS

Ryan et Austin doivent se dessiner l'un l'autre.

BARCELONE, ESPAGNE

Alex se promène dans la ville pour observer l'architecture. Il aime les couleurs vives et les formes bizarres !

NUUK, GROENLAND

Pour le cours d'éducation artistique, Erni doit dessiner un *tupilak* – un monstre inuit maléfique aux longues dents.

WAIKIKI, HAWAII, ÉTATS-UNIS

Anai fabrique un bracelet avec les porcelaines qu'elle a trouvées sur la plage. Elle passe le fil dans les trous des coquillages.

TOULOUSE, FRANCE

Marin fait des collages. Il découpe des carrés de papier coloré et les dispose sur sa feuille.

ROSKILDE, DANEMARK

Kristina et Dicte font de la poterie. Elles façonnent des saladiers jusqu'à obtenir la forme voulue, puis elles les laissent sécher. Quand les saladiers seront secs, ils pourront les peindre.

AUCKLAND, NOUVELLE-ZÉLANDE

Jesse dessine sa maison et ses parents pour une exposition à l'école.

HÔ CHI MINH-VILLE, VIETNAM

Vinh et Linh dessinent des enfants du monde entier pour un projet scolaire.

HONG KONG, CHINE

Jin s'entraîne à la calligraphie traditionnelle avec un pinceau et de l'encre noire. Il se donne beaucoup de mal pour reproduire fidèlement les idéogrammes.

DAR ES-SALAM, TANZANIE

Adika et Amri aiment fabriquer de petits objets avec des matériaux de récupération. Aujourd'hui, ils fabriquent des tambours à partir de vieilles boîtes de conserves.

REYKJAVIK, ISLANDE

Jonsi colorie un dessin de volcan en éruption. Le crayon orange va lui servir pour les flammes au sommet du cratère.

À LA MAISON

L'école est finie, c'est l'heure de rentrer à la maison. Comment rentres-tu chez toi ? Qui vient te chercher ?

FALMOUTH, JAMAÏQUE
La grand-mère de Grace et Carleen les retrouve après l'école. Elle est toujours contente de les voir.

TRINIDAD, CUBA
Omara reste à l'école jusqu'à 19 heures. La classe s'arrête à 16 heures, ensuite il peut s'amuser et faire du sport.

HÉRAT, AFGHANISTAN
Hakim rentre de l'école à vélo. Son frère pédale pendant que lui se tient en équilibre à l'arrière.

BARILOCHE, ARGENTINE

Santiago rentre tout seul à pied. Il habite juste au bout de la rue.

TAIPEI, CHINE

Après une longue journée d'école, Michelle et Tiffany vont à une autre école le soir pour progresser en maths.

CHICAGO, ÉTATS-UNIS

Kelli et Sam vont à la garderie après l'école car leurs parents travaillent tard. Ils aiment apprendre l'informatique.

ARCHIPEL DES SHETLAND, ÉCOSSE

Craig et Effie font des ricochets en attendant le ferry qui les ramènera chez eux. Ils voyagent avec les enfants de leur classe, et leur mère les retrouve de l'autre côté.

CASABLANCA, MAROC

L'école se termine à 17 h 30 pour Yasmina, beaucoup plus tard que dans la plupart des pays. Elle rentre chez elle à pied, en portant ses livres.

IEKATERINBOURG, RUSSIE

Le papa de Vitaly est en retard à cause des embouteillages. Traverser la ville en voiture peut prendre longtemps, surtout s'il y a de la neige.

KHARKHORIN, MONGOLIE

Sarangerel quitte l'école à 15 h 20. Il rentre à pied avec ses cousins.

BRISTOL, ANGLETERRE

Ava et Louis retrouvent leur maman à la porte de l'école. Ils rentrent tous ensemble à vélo, et ils n'oublient pas leur casque !

HAMBOURG, ALLEMAGNE

Pour Clara, il n'y a pas classe l'après-midi. Parfois elle rentre chez elle ; les autres jours elle reste à l'école pour participer à différentes activités.

APRÈS L'ÉCOLE

Après l'école, il reste du temps pour s'amuser, ou faire des activités.

CORK, IRLANDE

Eimar rejoint ses amies des scouts une fois par semaine après l'école. Ce qu'elle préfère dans le scoutisme, c'est aller camper avec les copines.

STELLENBOSCH, AFRIQUE DU SUD

Jason joue au football dans la rue avec ses amis. Son équipe gagne souvent.

KOUDOUGOU, BURKINA FASO

La maman de Clémentine et Thomas veut qu'ils nourrissent les poulets et les chèvres de la famille avant de jouer.

SURABAYA, INDONÉSIE

Tri nage dans la rivière avec ses copains après une journée très chaude à l'école. Il attrape une corde et s'élance vers le milieu de la rivière, là où l'eau est plus profonde.

ŁÓDŹ, POLOGNE

Konstantyn a une leçon de piano après l'école. Il doit souvent répéter pour s'améliorer.

KYOTO, JAPON

Aiko fait partie d'une chorale. Avec d'autres filles, elle chante de la musique classique, des airs de comédies musicales et des chansons qu'elle aime bien.

TURKU, FINLANDE
Assis au bord de la rivière, Otto observe les oiseaux. Il aime écouter le bruit de l'eau, regarder les bateaux qui vont et viennent, et nourrir les canards.

HANGZHOU, CHINE
Bo et Fang passent du temps avec leur grand-mère après l'école. Ils aiment bien qu'elle leur raconte des histoires traditionnelles sur la Chine.

LOUXOR, ÉGYPTE
Isis joue à l'ordinateur. Ses jeux préférés sont ceux qui mettent en scène des superhéros.

ADÉLAÏDE, AUSTRALIE
Jenny et Dylan retrouvent leurs amis pour jouer sur la plage après l'école.

LES DEVOIRS

Peu importe où l'on vit dans le monde, la plupart des instituteurs donnent des devoirs.

PISE, ITALIE
Gabi doit rédiger la biographie d'une personne célèbre qu'elle admire.

KOLKATA, INDE
Raj doit apprendre un poème pour le réciter demain en classe.

PARO, BHOUTAN
Sonam et Ram participent à un projet sur le recyclage. Ils doivent récolter des bouteilles en plastique et les apporter à l'école.

CHURCHILL, CANADA
Jade et Isaac doivent interroger leur grand-père pour un projet en histoire. Il leur parle de sa vie quand il avait leur âge.

OTAVALO, ÉQUATEUR
Solange et Will prennent des photos de tous les animaux et insectes qu'ils trouvent dans leur jardin pour un projet de sciences naturelles.

TOMBOUCTOU, MALI
Laurent fait son devoir de maths à la lumière tremblante d'une lampe à pétrole.

TORONTO, CANADA
Ellen et Zoey doivent apprendre à lire en français et en anglais.

GÖTEBORG, SUÈDE
L'école de Dahlia et Niklas ne donne pas de devoirs. Les maîtres et les maîtresses pensent que les enfants travaillent suffisamment pendant la journée.

OAXACA, MEXIQUE
Marco et Madelena s'entraînent à écrire. Ils doivent recopier les mêmes mots plusieurs fois et respecter la taille des lettres.

EILAT, ISRAËL
Shoshi fait ses devoirs sur l'ordinateur. Elle aime particulièrement les problèmes de maths.

NOVI SAD, SERBIE
Pour leur dictée, demain, Drasko et Emil doivent apprendre une liste de dix mots.

EN FAMILLE

Les moments passés en famille, tous ensemble, sont souvent très agréables.

MARSEILLE, FRANCE
Pierre et Madeleine regardent la télé avec leurs parents. Ce qu'ils préfèrent, ce sont les dessins animés.

ROTORUA, NOUVELLE-ZÉLANDE
Hannah prépare des gâteaux avec sa mamie. Elle adore les gâteaux au chocolat.

KÓPAVOGUR, ISLANDE
Tumi passe sa soirée à la piscine avec le reste de la famille. Son papa reste dans le bassin le plus chaud avec ses amis, mais Tumi préfère le grand bassin et son toboggan.

KATMANDOU, NÉPAL
Raj fait le marché avec sa mère. Il y a toujours du monde, il y croise souvent ses amis.

HÔ CHI MINH-VILLE, VIETNAM
Yen et Van vont au temple ensemble. Beaucoup de gens s'y rendent le soir. Ça sent l'encens.

ANCHORAGE, ALASKA, ÉTATS-UNIS
Juno assiste à un match de hockey sur glace avec sa famille. Ils adorent que leur équipe gagne !

RIO DE JANEIRO, BRÉSIL
Ana Luiza fait du cerf-volant avec sa maman sur le toit de sa maison. De là-haut, elle voit jusqu'à la plage.

SAINT-PÉTERSBOURG, RUSSIE
Mischa adore jouer du violon avec sa mère.

ALICE SPRINGS, AUSTRALIE
Spencer se promène dans le bush avec son père. Il cherche des empreintes d'animaux et fait attention aux serpents.

BAIE DE DISKO, GROENLAND
Morten fait du kayak dans le fjord avec sa sœur. Parfois, ils aperçoivent des phoques sur les rochers tout proches.

PARTICIPER

Les enfants peuvent participer aux tâches ménagères ou mettre le bazar !

STUTTGART, ALLEMAGNE
Claudia aide à désherber le jardin. Elle a son propre carré de légumes, où elle fait pousser des carottes.

GLASGOW, ÉCOSSE
Davie et Elspeth doivent nourrir leur lapin et nettoyer son clapier une fois par semaine.

SAPONÉ, BURKINA FASO
Flora balaie la cour et Abdoul pompe de l'eau au puits. Flora aide aussi sa mère à préparer le repas du soir.

COPENHAGUE, DANEMARK
Carl et Ingrid promènent le chien tous les soirs.

STONE TOWN, ZANZIBAR, TANZANIE
Amina va dans la forêt et sur la plage chercher du bois pour le feu.

NEW YORK, ÉTATS-UNIS
Julian et Debbie aident à vider le lave-vaisselle et rangent leurs jouets.

MADRID, ESPAGNE
Eduardo porte les sacs de courses de la voiture à la maison. Ensuite, il range les provisions dans les placards.

FORÊT AMAZONIENNE, PÉROU
Julio balaie le sol de sa cabane et aide son père et sa mère à cueillir de quoi dîner.

HONG KONG, CHINE
Raymond prépare son petit déjeuner. Si on le lui demande, il fera aussi la vaisselle.

NEGRIL, JAMAÏQUE
Selena et Noah arrosent les plantes de la maison une fois par semaine. Ils cueillent les fruits du jardin quand ils sont mûrs.

LE DÎNER

La journée est terminée, et tout le monde rentre manger à la maison.

MELBOURNE, AUSTRALIE
Jake et Dylan adorent manger grec – surtout les *souvlakia* accompagnés de frites.

LE CAIRE, ÉGYPTE
La maman de Karim prépare d'excellents falafels.

KINGSTON, JAMAÏQUE
La grand-mère de Sean prépare de l'*aki* à la morue avec du riz et des haricots.

BARCELONE, ESPAGNE
Chez Miriam, on mange de la paella en famille le soir. Son ingrédient préféré : les crevettes.

ZANZIBAR, TANZANIE
Joyce, Joseph et Grace mangent de la pizza zanzibarienne au marché.

BAMAKO, MALI
Ibrahim s'assied avec sa famille pour manger du riz à la sauce gombo.

OULAN-BATOR, MONGOLIE
La famille de Ganzorig s'installe autour du feu, sous la tente, pour manger du *khorkhog*, un grand ragoût de viande.

WELLINGTON, NOUVELLE-ZÉLANDE
Georgia adore que son père prépare du rôti d'agneau pour le dîner, avec des légumes et de la sauce, et une *pavlova* en dessert.

SOWETO, AFRIQUE DU SUD
Junior mange des saucisses avec du *pap*, une bouillie de maïs moulu.

HONG KONG, CHINE
Pour Cherry, des nouilles instantanées aux légumes et à la viande font un dîner rapide et délicieux.

MOSCOU, RUSSIE
Artel mange un *pirog* – une grosse tourte aux légumes et à la viande.

KABOUL, AFGHANISTAN
À base de riz et d'agneau, le *palao kabouli* est le plat préféré de Mahmood.

BERLIN, ALLEMAGNE
Lena, quant à elle, adore l'escalope panée accompagnée d'une salade de pommes de terre nouvelles.

HONOLULU, HAWAII, ÉTATS-UNIS
Lani aime manger un bol de riz et de poisson cru arrosé de sauce soja et d'oignons. Et elle adore avoir de l'ananas en dessert.

GALWAY, IRLANDE
Le vendredi, Finn mange toujours des bâtonnets de poisson, des frites et des petits pois.

TOKYO, JAPON
Hiroe aime tous les currys, mais plus particulièrement ceux au poulet, servis avec du riz.

LA HAVANE, CUBA
Ernesto aime dîner avec du riz et des haricots.

LA LECTURE

Lire est un moyen formidable de découvrir le monde et de comprendre les gens.

ACAPULCO, MEXIQUE

Sofia et Lucian préfèrent les livres sur les joueurs de football et les histoires vraies plutôt que les contes de fées.

JAVA, INDONÉSIE

L'histoire favorite de Rio parle d'un petit garçon qui se transforme en tigre la nuit. C'est un conte traditionnel de Sumatra.

MUMBAI, INDE

La maman de Vihaan lui raconte des histoires de dieux indiens à tête d'éléphant ou à huit bras.

TRINIDAD, CUBA

Mari apprend à lire en espagnol. Tous les soirs, avec son papa et sa maman, elle lit un petit livre emprunté à l'école.

POKHARA, NÉPAL

Bishal aime les contes traditionnels népalais qui parlent de grenouilles, de moineaux et de rois.

LONDRES, ANGLETERRE
Harriet lit toute seule chaque soir avant de dormir. Elle aime les histoires de fées et de lutins.

THIMPHOU, BHOUTAN
Kiba aime que sa maman lui lise des histoires qui se passent dans d'autres pays.

HELSINKI, FINLANDE
Emma adore les histoires des Moumines, qui sont censés vivre dans les bois finlandais.

VARSOVIE, POLOGNE
Martin aime les histoires de dragons et de chevaliers. Il s'imagine en chevalier sauvant une princesse.

BUENOS AIRES, ARGENTINE
Thiago a un faible pour les histoires d'enfants courageux qui tentent leur chance et partent à l'aventure.

ESSAOUIRA, MAROC
Le grand-père de Youssef lui raconte les plus belles histoires de magie et de mystères qu'il connaisse.

STOCKHOLM, SUÈDE
Le personnage préféré d'Alice est Fifi Brindacier, une petite fille rousse effrontée.

AU LIT !

C'est l'heure d'aller se coucher. Partout dans le monde, les enfants se préparent à aller dormir.

VANCOUVER, CANADA

Lea et Sam se blottissent sur le canapé pour écouter une histoire.

FLORENCE, ITALIE

Giulia souhaite bonne nuit à tous ses jouets avant de s'endormir. Parfois, elle les prend aussi dans son lit.

AKUREYRI, ISLANDE

En été, avant de se mettre au lit, Kristin et Egill doivent fermer leurs rideaux, car le soleil se couche à peine certaines nuits.

AARHUS, DANEMARK

Devant le miroir, Isabella et Mads se brossent les dents pendant deux minutes. Leur maman s'assure qu'ils n'oublient pas une seule dent.

MEXICO, MEXIQUE

Alejandro raconte ses problèmes à ses poupées tracas et les glisse sous son oreiller. Quand il se réveille, les poupées ont emporté tous ses soucis.

ÎLES GALÁPAGOS, ÉQUATEUR
Darwin se douche avant d'aller au lit. Même le soir, il fait vraiment très chaud, et la douche le rafraîchit.

LE CAP, AFRIQUE DU SUD
Ethan mange un fruit avant de se coucher. Il dort dans la même chambre que le reste de sa famille.

BAHIA, BRÉSIL
Julia boit un verre de lait avant de se coucher, pour l'aider à bien dormir.

TEL AVIV, ISRAËL
Karmela fait sa prière avant de dormir. Elle repense aux événements de la journée et remercie Dieu.

CHURCHILL, CANADA
Naomi et Anouk ont le droit de rester debout tard pour les grandes occasions, mais normalement elles sont au lit à 20 heures.

NOVOSSIBIRSK, RUSSIE
Yasha prend un bain plein de bulles et de jouets pour se réchauffer. En hiver, il fait parfois si froid que le shampoing gèle dans la bouteille !

LES MEILLEURS MOMENTS DE LA JOURNÉE

Te rappelles-tu tout ce qui t'est arrivé aujourd'hui ? Voici les meilleurs moments qu'ont passés ces enfants du monde entier.

ALTAÏ, MONGOLIE

Batbayer a aimé jouer avec son nouveau chiot après l'école. L'animal a de petites dents mais il ne sait pas encore bien mordre.

HANOÏ, VIETNAM

Il a beaucoup plu au retour de l'école, mais ça n'a pas dérangé Bella et Richard. Ils ont sauté dans les flaques tout le long du chemin !

ÉDIMBOURG, ÉCOSSE

Elspeth et Archie sont allés prendre le thé chez leur tante. Ils ont construit une cabane dans le jardin avec leurs cousins.

SYDNEY, AUSTRALIE
Ruby et Isla ont trouvé leur sandwich favori dans leur panier repas, aujourd'hui : jambon-fromage !

SAINT-PÉTERSBOURG, RUSSIE
Valeria a franchi un niveau sur son jeu vidéo, elle était très contente !

BOSTON, ÉTATS-UNIS
La grand-mère de Jimmy et Mark les a appelés sur Skype pour leur dire bonjour et parler de sa prochaine visite.

FAIRBANKS, ALASKA, ÉTATS-UNIS
Le papa de Mary a acheté un nouveau scooter des neiges qui va vraiment très vite, et lui a fait faire un tour.

AUCKLAND, NOUVELLE-ZÉLANDE
Le papa d'Oliver l'a emmené manger une glace sur le port après la classe. Ils se sont assis sur le quai pour regarder les bateaux.

DUBLIN, IRLANDE
Aoife a été choisie pour faire partie de l'équipe de hockey sur gazon de l'école. Elle se réjouit de jouer contre une autre école.

HONOLULU, HAWAII, ÉTATS-UNIS
Jason a eu dix sur dix à sa dictée. Il est très content, car il s'est donné beaucoup de mal pour y arriver.

LA NUIT VENUE

**La plupart du temps, on dort la nuit.
Mais, parfois, tout le monde n'est pas au lit !**

MUMBAI, INDE
Alors que Tamara s'endort, un feu d'artifice célèbre un grand événement. Il explose en un arc-en-ciel de couleurs.

VARSOVIE, POLOGNE
Aleksander sort parfois observer les étoiles avec son père, qui lui montre les différentes constellations et lui apprend leur nom.

NOVOSSIBIRSK, RUSSIE
Dans l'hiver sibérien, cette nuit, la neige a commencé à tomber devant chez Alexei.

VANCOUVER, CANADA
Des papillons, des chauves-souris, des chouettes et des coyotes sortent la nuit pendant que Frank et Justin dorment.

REYKJAVIK, ISLANDE
Olafur et Gudrun aperçoivent une aurore boréale depuis leur fenêtre. Ces bandes lumineuses vertes dans le ciel ne se voient que dans le Grand Nord, près du pôle.

LA HAVANE, CUBA
Des notes de musique résonnent dans la nuit et jusque dans la chambre de Marisol, mais elle ne se réveille pas.

KANDAHAR, AFGHANISTAN
Tout est calme dans la maison de Tela. On n'entend que le ronflement de son père.

COPENHAGUE, DANEMARK
Une baby-sitter s'occupe de Frans et Jeppe jusqu'au retour de leurs parents, de sortie ce soir.

HONG KONG, CHINE
Pendant que Yumiko est au lit, les gratte-ciel illuminés du centre de Hong Kong offrent un beau spectacle.

GUADALAJARA, MEXIQUE
Jesus dort, mais, dans la rue, les lampadaires sont allumés, et les gens se promènent, discutent, boivent et mangent jusque tard.

LES RÊVES

Quand on dort, l'esprit vagabonde. Parfois, on se souvient de ses rêves au réveil, mais pas toujours.

MAUI, HAWAII, ÉTATS-UNIS
Lily rêve qu'elle danse pieds nus sur la plage dans une jupe en raphia pour saluer le président des États-Unis.

TOKYO, JAPON
Haruki rêve qu'il se trouve dans une fusée, direction l'espace, pour rejoindre le lapin lunaire.

WELLINGTON, NOUVELLE-ZÉLANDE
Laura rêve qu'elle nage au fond de l'océan comme une sirène. Ses cheveux flottent dans son dos, et elle devient amie avec une pieuvre rouge.

ANCHORAGE, ALASKA, ÉTATS-UNIS
Aurora rêve qu'elle a gagné au Loto !
La première chose qu'elle achète avec son argent, c'est un château pour sa maman.

NEW YORK, ÉTATS-UNIS
Zoie rêve qu'elle vole. Elle plane dans le ciel et devient aussi petite qu'un oiseau.

BARCELONE, ESPAGNE
Hugo rêve qu'il est invisible et qu'il peut faire tout ce qu'il veut.

CHURCHILL, CANADA
Audrey rêve qu'elle conduit un attelage de chiens de traîneau sur la glace.
Ils vont vite sur les bosses.

VENISE, ITALIE
Francesca rêve que Venise est devenue un parc aquatique. Tous les canaux sont pleins d'une eau chaude et bouillonnante, et les ponts sont remplacés par des toboggans.

QUITO, ÉQUATEUR
Carlos rêve qu'il est un singe et qu'il danse sous la pluie, sur le toit de son école ! Les professeurs lui disent de partir, mais il continue à danser.

BAMAKO, MALI
Mariam rêve qu'elle a un vélo tout neuf. Elle pédale pendant des jours et des jours le long de la rivière, jusqu'à atteindre la mer. Elle n'a jamais vu la mer en vrai.

LE WEEK-END

Le week-end est enfin arrivé ! Quand la semaine de classe est terminée, que fais-tu pour t'amuser ?

ARCHIPEL DES SHETLAND, ÉCOSSE
Isla, Zander et leurs parents se promènent jusqu'au château voisin.

BELGRADE, SERBIE
Teodora pique-nique dans le parc avec ses amies.

ANCHORAGE, ALASKA, ÉTATS-UNIS
James et Emma font une soirée pyjama chez leur tante. Ils partagent la chambre de leurs cousins.

FORÊT AMAZONIENNE, PÉROU
Le week-end ressemble au reste de la semaine, dans la forêt amazonienne, sauf qu'il y a quelquefois des fêtes.

LA HAVANE, CUBA
Silvio regarde un match de base-ball dans le parc. Il voudrait devenir joueur professionnel quand il sera grand.

REYKJAVIK, ISLANDE
Asta campe avec son papa et ses amis. Dormir sous la tente, ce n'est pas très confortable, mais elle aime bien ça !

RIO DE JANEIRO, BRÉSIL
Tania se rend à la plage pour regarder son frère jouer au foot. Elle adore marcher pieds nus dans le sable.

TAIPEI, CHINE
Yanting va au cinéma le week-end. Il aime manger du pop-corn avant le début du film.

LONDRES, ANGLETERRE
Fiona et Georgie sont invités à un anniversaire. Il y a un magicien, de la musique et des bougies sur le gâteau.

PATAGONIE, ARGENTINE
Benjamin s'amuse dans la rue avec ses copains. Parfois ils jouent à chat, ou alors au football.

SUMATRA, INDONÉSIE
Johan et Siska vont nager au lac avec leur père. Il fait toujours chaud.

ALICE SPRINGS, AUSTRALIE
Isabella fait du cheval dans l'arrière-pays avec son père.

LES PETITS SERVICES DU WEEK-END

On a plus de temps le week-end pour aider sa famille et faire des choses utiles ensemble.

JINING, CHINE
Dans la rizière, Lok et Jun aident leur mère et leur grand-mère à récolter le riz.

BERLIN, ALLEMAGNE
Katarina aide à trier les déchets recyclables : papier, verre et plastique.

KABOUL, AFGHANISTAN
Nabi aide son père à réparer la voiture. Il aime bien avoir les mains pleines de cambouis, mais c'est parfois difficile à enlever !

OUAGADOUGOU, BURKINA FASO
Le week-end, Aida et Carole travaillent sur le stand de leur mère au marché.

STONE TOWN, ZANZIBAR, TANZANIE
Abdullah démêle les filets de pêche pour que son père attrape plus de poissons la semaine prochaine.

GALWAY, IRLANDE

Siobhan accompagne sa maman au supermarché et l'aide à faire les courses pour la semaine.

SUOMENLINNA, FINLANDE

Emilia cuisine avec ses parents, et elle met la table.

MELBOURNE, AUSTRALIE

Kylie et Jack lavent et lustrent la voiture.

OULAN-BATOR, MONGOLIE

Altan aide à balayer autour de la yourte et à s'occuper des animaux.

GUADALAJARA, MEXIQUE

Jose Luis aide sa mère à faire la lessive. Il rassemble tout le linge sale et l'apporte à la laverie.

WELLINGTON, NOUVELLE-ZÉLANDE

Maia nettoie l'abri de jardin avec son papa, puis ls apportent à la déchetterie ce qui ne sert plus.

MUMBAI, INDE

Anaya aide son père à repeindre sa chambre. Quand ils auront terminé, les murs seront rose pâle.

POUR EN SAVOIR PLUS SUR LES 44 PAYS DE CE LIVRE…

Dans le monde, aujourd'hui, il y a 195 pays ! Nous en avons découvert 44 dans ce livre. Maintenant, tu sauras aussi lequel est le plus grand, lequel est le plus petit, et comment on dit bonjour dans chacun de ces pays.

AFGHANISTAN

Continent : Asie
Population : 34 millions
Langues parlées : pachto et dari

Salaam ! L'Afghanistan est un pays du Moyen-Orient où il pleut rarement. Il y a parfois des concours de cerfs-volants où l'on enduit le fil de poudre de verre afin de pouvoir couper celui des adversaires. Le dernier cerf-volant dans le ciel est déclaré vainqueur !

ARGENTINE

Continent : Amérique du Sud
Population : 44 millions
Langues parlées : espagnol

Buenos días ! L'Argentine est un pays immense – le huitième du monde par la superficie. Il se trouve en bas de l'Amérique du Sud. La Patagonie, sa région la plus au sud, est la terre la plus proche de l'Antarctique.

AUSTRALIE

Continent : Océanie
Population : 25 millions
Langues parlées : anglais

G'day ! L'Australie abrite quelques-uns des animaux les plus redoutables de la planète : vingt types de serpents venimeux, des araignées mortelles, des requins, des crocodiles et des méduses très venimeuses. Fais attention où tu mets les pieds !

BHOUTAN

Continent : Asie
Population : 800 000
Langues parlées : dzongkha

Kuzoozangpo la ! Le Bhoutan est un royaume de l'Himalaya où l'on pratique la religion bouddhiste. Le mot *Bhoutan* signifie « terre du Dragon Tonnerre ». Il doit ce nom aux tempêtes spectaculaires qui descendent sur le pays depuis les montagnes.

BURKINA FASO

Continent : Afrique
Population : 20 millions
Langues parlées : français

Bonjour ! Le Burkina Faso abrite la plus grande population d'éléphants de toute l'Afrique occidentale. Non, non, je ne me « trompe » pas !

BRÉSIL
Continent : Amérique du Sud
Population : 208 millions
Langues parlées : portugais

Oi ! Le Brésil est le cinquième pays par la taille, et il organise le plus grand carnaval du monde à Rio.

CANADA
Continent : Amérique du Nord
Population : 37 millions
Langues parlées : anglais et français

Hello ! Le Canada est célèbre pour la beauté de sa nature. La ville de Churchill y est connue comme la capitale des ours blancs. Chaque automne, ils sont des centaines à se rassembler dans le secteur en attendant de pouvoir remonter vers le nord.

CUBA
Continent : Amérique du Nord
Population : 11 millions
Langues parlées : espagnol

Hola ! Cuba est une île des Antilles, célèbre pour ses vieilles voitures, ses plages magnifiques et pour la salsa. Se moucher en public à Cuba est très impoli : on ne le fait qu'en privé.

CHINE
Continent : Asie
Population : 1,375 milliard
Langues parlées : chinois mandarin

Ni hao ! La Chine est le quatrième plus vaste pays du monde. Elle compte de grandes villes mais aussi des campagnes pleines de rizières. Douze animaux, chacun associé à une année de naissance, symbolisent le caractère des gens.

DANEMARK
Continent : Europe
Population : 5,7 millions
Langues parlées : danois

Hej ! Le Danemark est un pays scandinave, comme la Suède et la Norvège. Il a beau être petit, il est très inventif. C'est à lui que l'on doit l'énergie éolienne, le haut-parleur, le handball et les Lego !

ÉQUATEUR
Continent : Amérique du Sud
Population : 17 millions
Langues parlées : espagnol

Hola ! Ici, on trouve à la fois des montagnes et la forêt équatoriale. Savais-tu que les cochons d'Inde ne sont pas des animaux de compagnie, en Équateur ? On les mange ! Ils ont un goût de lapin, et sont une viande très appréciée.

ÉGYPTE

Continent : Afrique
Population : 96 millions
Langues parlées : arabe

Salaam aleikum ! La plus grande partie de l'Égypte est recouverte par le désert du Sahara. L'essentiel de la population habite le long du Nil, le principal fleuve du pays.

FINLANDE

Continent : Europe
Population : 5,5 millions
Langues parlées : finnois et suédois

Hei ! On peut admirer des aurores boréales en Laponie, une région arctique du pays. Certains disent que le père Noël y habite. Plus au sud, on trouve un immense labyrinthe de plans d'eau, de sorte qu'on surnomme la Finlande le « pays aux mille lacs ».

FRANCE

Continent : Europe
Population : 67 millions
Langues parlées : français

Bonjour ! Le plat préféré des Français est le magret de canard, servi le plus souvent avec des pommes de terre sautées. Tu voudrais goûter ? La France est aussi célèbre pour ses croissants et ses baguettes.

ALLEMAGNE

Continent : Europe
Population : 82 millions
Langues parlées : allemand

Hallo ! L'Allemagne a vu naître deux des plus célèbres musiciens du monde – Beethoven et Bach –, et les concerts de musique classique y sont nombreux. On y mange du *wurst*, une variété de saucisse.

GROENLAND

Continent : Amérique du Nord (géographie)/Europe (politique)
Population : 56 000
Langues parlées : groenlandais

Aluu ! Après l'Australie, le Groenland est la plus grande île du monde avec ses 2 166 000 kilomètres carrés. Il y a peu d'habitants, car sa surface est à 80 % recouverte de glace.

ISLANDE

Continent : Europe
Population : 340 000
Langues parlées : islandais

Goðan dag ! Les plats traditionnels islandais peuvent paraître un peu bizarres aux étrangers : en certaines occasions, on mange du macareux, du renne, du poisson séché, de la joue de morue et du requin fermenté. En hiver, il n'y a que quelques heures de jour par 24 heures.

INDE

Continent : Asie
Population : 1,3 milliard
Langues parlées : hindi et anglais

Namaste ! L'Inde est le deuxième pays le plus peuplé au monde, avec environ 1,3 milliard d'habitants ! Elle compte 22 langues officielles, dont le bengali, l'hindi, l'ourdou et le tamoul.

INDONÉSIE

Continent : Asie
Population : 265 millions
Langues parlées : indonésien

Halo ! Les jungles tropicales d'Indonésie abritent des animaux fascinants comme le dragon de Komodo, le tigre, l'orang-outan, l'éléphant et le léopard.

IRLANDE

Continent : Europe
Population : 5 millions
Langues parlées : anglais

Hello ! Le folklore irlandais évoque l'existence des leprechauns, des lutins farceurs qui ont caché un chaudron plein d'or au pied d'un arc-en-ciel. L'île est divisée en deux : la république d'Irlande au sud, et l'Irlande du Nord, qui fait partie du Royaume-Uni.

ISRAËL

Continent : Asie
Population : 9 millions
Langues parlées : hébreu et arabe

Shalom ! Le beau pays d'Israël inclut une partie de la mer Morte, qui est l'un des lacs les plus salés au monde. Impossible de couler dans ses eaux, on y flotte très facilement !

ITALIE

Continent : Europe
Population : 60 millions
Langues parlées : italien

Ciao ! En Italie, on peut visiter le Colisée et d'autres ruines romaines. C'est à ce pays qu'on doit le cône de crème glacée, la pizza Margherita et le parachute. *Fantastico !*

JAMAÏQUE

Continent : Amérique du Nord
Population : 2,8 millions
Langues parlées : anglais

Wah gwaan ! La Jamaïque est une île des Antilles où l'on parle anglais. On peut y manger du poulet épicé dit « poulet *jerk* », du curry de chèvre, de l'*aki* à la morue. L'homme le plus rapide du monde, Usain Bolt, vient de Jamaïque.

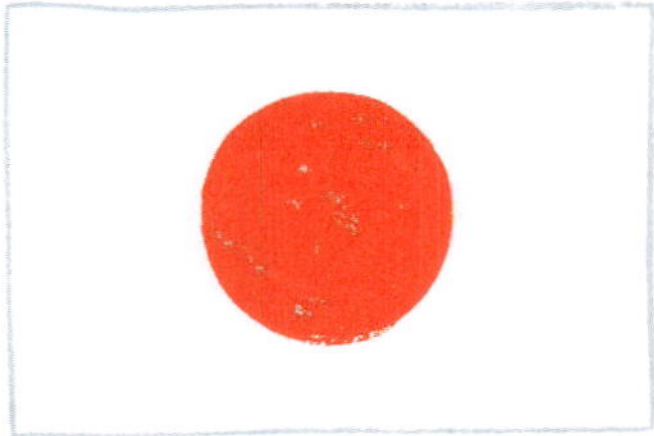

JAPON

Continent : Asie
Population : 127 millions
Langues parlées : japonais

Konnichiwa ! Le Japon compte beaucoup d'îles. La majorité de sa population vit sur les quatre plus grandes : Honshu, Hokkaido, Kyushu et Shikoku. Au Japon, il est poli de manger ses nouilles bruyamment : cela montre que l'on apprécie son repas !

MALI

Continent : Afrique
Population : 19 millions
Langues parlées : français

Bonjour ! Le Mali est l'un des plus grands pays d'Afrique, mais la plupart de ses habitants vivent le long du fleuve Niger. Au Mali, seulement deux enfants sur cinq vont à l'école – moins que partout ailleurs dans le monde.

MEXIQUE

Continent : Amérique du Nord
Population : 130 millions
Langues parlées : espagnol

Hola ! Au nord, le Mexique partage une frontière avec les États-Unis. Tabasco, Tequila et Chihuahua sont des lieux mexicains qui ont donné leur nom respectivement à une sauce pimentée, une boisson alcoolisée et une race de chiens minuscules.

MONGOLIE

Continent : Asie
Population : 3 millions
Langues parlées : mongol

Sain baina uu ! Un tiers des habitants de Mongolie sont des nomades : ils se déplacent en fonction des saisons pour trouver les meilleures conditions d'élevage pour leurs chameaux, leur bétail et leurs chevaux.

MAROC

Continent : Afrique
Population : 35 millions
Langues parlées : arabe et berbère

Salaam aleikum ! On trouve une diseuse de bonne aventure dans chaque ville ou presque, et dans chaque souk un magasin qui vend des potions, des herbes et des élixirs.

NÉPAL

Continent : Asie
Population : 29 millions
Langues parlées : népalais

Namaste ! Le mont Everest, la plus haute montagne du monde, se trouve au Népal, de même que huit des dix plus hauts sommets. Environ 4 000 personnes seulement ont déjà effectué l'ascension de l'Everest, qui culmine à 8 848 mètres.

NOUVELLE-ZÉLANDE

Continent : Océanie
Population : 4,8 millions
Langues parlées : anglais, maori

Kia ora ! Sais-tu qu'il y a plus de moutons que d'habitants en Nouvelle-Zélande ? 70 millions au dernier décompte ! Ce qui fait environ 15 moutons par personne.

PÉROU

Continent : Amérique du Sud
Population : 32 millions
Langues parlées : espagnol, quechua, aymara et de nombreux dialectes locaux

Rimaykullayki ! Plus de la moitié de la surface du Pérou est recouverte par la forêt tropicale, et on pense qu'il reste encore une cinquantaine de tribus dans la forêt amazonienne qui n'ont jamais eu de contact avec le monde extérieur.

POLOGNE

Continent : Europe
Population : 38 millions
Langues parlées : polonais

Czesc ! En Europe centrale, la Pologne a vu naître certains des hommes les plus costauds : la compétition « L'Homme le plus fort au monde » a connu plus de vainqueurs polonais que d'aucune autre nationalité.

RUSSIE

Continent : Europe et Asie
Population : 147 millions
Langues parlées : russe

Zdravstvuyte ! La Russie est le plus grand pays du monde. Il s'étend sur l'est de l'Europe et le nord de l'Asie, et inclut onze fuseaux horaires.

ÉCOSSE

Continent : Europe
Population : 5,3 millions
Langues parlées : anglais, gaélique et écossais

Guid mornin ! L'Écosse compte 790 îles et un lac mystérieux, le loch Ness, où vivrait un monstre marin. Son instrument de musique le plus connu est la cornemuse.

SERBIE

Continent : Europe
Population : 7 millions
Langues parlées : serbe

Zdravo ! C'est de là que viennent un tiers des framboises produites dans le monde ! Tu en as sans doute déjà mangé sans le savoir !

SÉNÉGAL

Continent : Afrique
Population : 16 millions
Langues parlées : français et wolof

Na nga def ! Le Sénégal est un pays africain au climat chaud et tropical. Il n'y a que deux saisons : la saison sèche et la saison des pluies. Il tire son nom du fleuve Sénégal, qui matérialise la frontière à l'est et au nord. En fait, *senegal* signifie « notre bateau » en wolof.

AFRIQUE DU SUD

Continent : Afrique
Population : 56 millions
Langues parlées : zoulou, xhosa, afrikaans, anglais, sotho du Nord, tswana, sotho du Sud, tsonga, swati, venda et ndébélé du Sud

Molo ! L'Afrique du Sud est riche en or et en diamants – elle en produit davantage que n'importe quel pays. C'est là aussi que l'on trouve le mamba noir, le serpent le plus rapide de la planète.

ESPAGNE

Continent : Europe
Population : 47 millions
Langues parlées : espagnol, catalan, basque

Hola ! L'Espagne est célèbre pour ses corridas, ses tapas (de petites portions de plats qu'on partage) et le flamenco. L'un de ses bâtiments les plus connus, la Sagrada Familia, à Barcelone, est encore en cours de construction, plus de cent ans après le début du chantier.

SUÈDE

Continent : Europe
Population : 10 millions
Langues parlées : suédois

God dag ! Au solstice d'été, le 21 juin, les Suédois aiment aller à la campagne célébrer le jour le plus long de l'année : il y a de la musique, on danse, et on mange des harengs aux pommes de terre.

TANZANIE

Continent : Afrique
Population : 52 millions
Langues parlées : swahili et anglais

Jambo ! Des êtres humains vivaient déjà en Tanzanie il y a plus de deux millions d'années. Les archéologues ont étudié des ossements et des outils découverts là-bas pour en apprendre plus sur l'évolution humaine. On y trouve aussi des éléphants, des lions, des buffles et des rhinocéros.

ROYAUME-UNI

Continent : Europe
Population : 66 millions
Langues parlées : anglais

Hello ! Le Royaume-Uni est constitué de l'Angleterre, de l'Écosse, du pays de Galles et de l'Irlande du Nord. Les Anglais boivent plus de thé que n'importe qui d'autre au monde !

ÉTATS-UNIS

Continent : Amérique du Nord
Population : 327 millions
Langues parlées : anglais

Hello ! Les États-Unis sont le troisième plus grand pays du monde. Ils comptent 50 États, dont l'État de New York, la Floride, le Texas et la Californie. Le manège le plus haut du monde se trouve à Jackson, dans le New Jersey.

VIETNAM

Continent : Asie
Population : 94 millions
Langues parlées : vietnamien

Chao ban ! Au Vietnam, c'est un gong qui marque le début de chaque jour de classe, pas une sonnerie. Belle façon de commencer la journée !

Traduit de l'anglais par Florence Bury.

editionsmilan.com

ISBN : 978-2-7459-9764-7
Dépôt légal : 3e trimestre 2018
Imprimé en Slovénie

MIXTE
Papier issu de sources responsables
FSC® C118234